Bibliografische Information der Deutschen Nationalbibliothek:

Die Deutsche Bibliothek verzeichnet diese Publikation in der Deutschen National-
bibliografie; detaillierte bibliografische Daten sind im Internet über http://dnb.d-
nb.de/ abrufbar.

Impressum:

Copyright © 2017 GRIN Verlag, Open Publishing GmbH
Druck und Bindung: Books on Demand GmbH, Norderstedt Germany
ISBN: 9783668501591

Dieses Buch bei GRIN:

http://www.grin.com/de/e-book/367973/maria-magdalena-und-ihre-verbindung-
zu-jesus

Luca Lintterer

Maria Magdalena und ihre Verbindung zu Jesus

GRIN Verlag

GRIN - Your knowledge has value

Der GRIN Verlag publiziert seit 1998 wissenschaftliche Arbeiten von Studenten, Hochschullehrern und anderen Akademikern als eBook und gedrucktes Buch. Die Verlagswebsite www.grin.com ist die ideale Plattform zur Veröffentlichung von Hausarbeiten, Abschlussarbeiten, wissenschaftlichen Aufsätzen, Dissertationen und Fachbüchern.

Besuchen Sie uns im Internet:

http://www.grin.com/

http://www.facebook.com/grincom

http://www.twitter.com/grin_com

Inhaltsverzeichnis

1. Vorwort

Menschen, die die Bibel studieren gibt es nahezu ebenso lange wie die Bibel selbst, trotz dessen konnte noch niemand Maria Magdalenas Beziehung zu Jesus Christus ausmachen, sowie, im Zweifelsfall, ihre Aussage zu beweisen. Eben dies macht die, doch sehr brisante, Thematik für ein noch breiteres Band an Menschen so interessant, was zu vielen verschiedenen, mehr oder minder wahrscheinlichen, Theorien über Jesus Christus und Maria Magdalena führt.

So wird etwa angenommen, dass die Person, die auf Leonardo da Vincis Gemälde: „Das letzte Abendmahl" zur Rechten Jesu sitzt, nicht etwa Johannes, sondern viel mehr Maria Magdalena sei, die hier als Jesus Ehefrau dargestellt wird.

Um darüber etwas Klarheit zu schaffen und einem Ergebnis näher zu kommen, liegen die Schwerpunkte dieser Arbeit auf den Aspekten der Maria Magdalena als Ehefrau, beziehungsweise Jüngerin Jesus sowie ihrer Rolle als Osterbotin.

2. Maria Magdalena und ihre Bedeutung an der Seite Jesu

2.1 Charakterisierung Maria Magdalenas

Um eine Beziehung zweier Menschen zueinander zu untersuchen ist es zuerst vonnöten, die Personen besser zu kennen, und so eventuell ihre Beweggründe oder Parallelen zueinander zu erforschen. Um diese darzustellen folgt eine Charakterisierung Maria Magdalenas zuerst durch Informationen aus dem Johannes-, und anschließend aus den synoptischen Evangelien.

2.1.1 Informationen aus dem Johannesevangelium

Maria Magdalena erscheint im Johannesevangelium nur an zwei Stellen: Bei der Kreuzigung Jesus, als eine von 4 Zeuginnen (Joh 19,25), und etwas später als die einzige Zeugin der Auferstehung Jesus (Joh 20,1-18).[1] Im Johannesevangelium wird Maria Magdalena nie genau so genannt, ihre Betitelung variiert. Grundsätzlich wird sie als „die aus Magdala" bezeichnet, was in Joh 19,25 zu „Maria die Magdalenerin" variiert. Später wird sie vom wiederauferstanden Jesus „Mariam" genannt (Joh 20,16) was in Joh 20,18 zu Mariam die Magdalenerin wird. Hier ist deutlich zu erkennen, dass sich der Beiname auf ihren Herkunftsort bezieht, nicht wie damals üblich auf einen männlichen Verwandten, was sie schon hier als selbstständige, starke Frau von anderen biblischen, weiblichen Figuren abhebt.[2]

Auch der Herkunftsort verbirgt einige wichtige Informationen, hauptsächlich Parallelen zu Jesus. So stammen sie beide aus Galiläa, besitzen dieselbe Muttersprache, sprich, aramäisch und ihre Heimatdörfer liegen geographisch nah beieinander.[3] Wie bereits erwähnt, bezieht sich ihr Beiname auf keinen männlichen Verwandten, was normalerweise üblich

---

[1] Löb, C., Maria Magdalena im Johannesevangelium, Bochum 2011, S.1
[2] Ruschmann, S., Maria von Magdala. Jüngerin. Apostolin. Glaubensvorbild., Stuttgart 2003, S.9
[3] Ebenda.

war. Dies lässt darauf schließen, dass sie ihren Verwandten nicht nahestand und sich von ihnen abgeschottet hat, so sehr, dass ihr ein anderer Beiname gegeben wurde. Außerdem kann man aus dem Beinamen entnehmen, dass sie wohl ihren Heimatort verlassen hatte, da es naheliegt, dass ihr der Beiname erst nach dem Verlassen ihrer Heimat gegeben wurde.[4]

Wichtig ist ebenfalls, dass sie, zusammen mit einigen anderen Frauen, als Zeugin der Kreuzigung Jesu beiwohnte. (Joh 19,25) Die anwesenden Frauen bilden hier einen Kontrast zu den geflohenen Jüngern, werden also als mutige und treue Anhänger Jesus dargestellt, und so indirekt sogar über die Jünger gestellt.[5] Mehr erfährt man hier nicht über die Frauen. Das ist allerdings wenig von Bedeutung ist, da sie in dieser sehr bedeutenden Kreuzigungsszene auftauchen, und durch das Verb „stehen" mit dem zentralen Ereignis verbunden werden, so wie Judas bei der Verhaftung Jesu dabeisteht (Joh 18,5) und Maria von Magdala am Grab von Jesus Christus steht: „Maria aber stand draußen vor dem Grab und weinte" (Joh 20,11). Die Tatsache das Maria weinte, wird in Joh 20,11 gleich doppelt erwähnt, was darauf schließen lässt, dass der Autor dies speziell betonen wollte, um ihre Trauer und Verzweiflung zu zeigen. Allerdings wird nicht erwähnt aus welchem Grund genau sie weint, es kann sich also um die traditionelle Totenklage der Frauen handeln, sowie um einen persönlichen Schmerz über den Tod Jesu oder aber um die Verzweiflung über den verschwundenen Leichnam.[6] Insbesondere der persönliche Schmerz wäre eine wertvolle Information über das Verhältnis Marias zu Jesus.

Im Laufe der Arbeit wird diese Szene noch genauer analysiert, da sie von großer Wichtigkeit für jeden Abschnitt der Arbeit ist. Gesamt kann man von Marias Rolle im Johannesevangelium behaupten: Sie ist sehr zentral,

---

[4] Ruschmann, S., Maria von Magdala. Jüngerin. Apostolin. Glaubensvorbild., Stuttgart 2003, S.9
[5] Löb, C., Maria Magdalena im Johannesevangelium, Bochum 2011, S.3
[6] Ruschmann, S., Maria von Magdala. Jüngerin. Apostolin. Glaubensvorbild., Stuttgart 2003, S.25

sie besitzt einen hohen Redeanteil, wobei sowohl Petrus, wie der geliebte Jünger kaum etwas sagen. So scheint Maria hier wichtiger zu sein als die anderen. Des Weiteren wird sie im gesamten Johannesevangelium als Jüngerin bezeichnet, welche noch dazu im Gegensatz zu den anderen Jüngern eine wichtige Beziehung zum Kreuz, sowohl als auch zum Grab besitzt.

2.1.2 Informationen aus den synoptischen Evangelien

Mehr Informationen zu Marias Identität finden sich im Lukasevangelium. Hier wird beschrieben, Maria sei von sieben Dämonen geplagt worden, von welchen sie Jesus anschließend befreite. Nachzulesen ist dies in der Befreiungsszene (Lk 8,1-3). Dies ist dann auch der Grund dafür, dass sie sich Jesus angeschlossen hat.[7] Worum es sich bei diesen Dämonen handelte steht nicht geschrieben. Sie werden allerdings oft mit der Sünde gleichgesetzt oder sog als Prostitution interpretiert. Nachdem wie in Lk 7 erwähnt, die Hurerei der Stadt Magdalena schadet[8], tritt die Person Maria von Magdala in Lk 8 in Erscheinung. Eine Auslegung ihrer Sünde als Prostitution ist so also naheliegend.

Diese Deutungen sind allerdings haltlos, da zu dieser Zeit dämonische Besessenheit weniger Sündhaftigkeit, sondern eher psychische Krankheiten, sowie epileptische Anfälle beschrieb.[9] Dies würde bedeuten, dass Jesus sie nicht von ihrer Sünde befreit, wie es doch sehr oft angenommen wird, sondern zu hoher Wahrscheinlichkeit von ihre Krankheit geheilt hat.

Im Markusevangelium, sowie im Matthäusevangelium nehmen Maria Magdalena sowie das restliche weibliche Gefolge Jesu, anders als im Johannesevangelium beim Tod Jesu keine zentrale Rolle ein. Hier werden

---

[7] Löb, C., Maria Magdalena im Johannesevangelium, Bochum 2011, S.2
[8] Jantzen, C., Maria Magdalena, Die Frau, die bei Jesus blieb, in: ftp://bitflow.dyndns.org/german/CarolJantzen/Maria_Magdalena_Die_Frau_Die_Bei_Jesus_blieb.html; Zugriff vom 1.11.16
[9] Ruschmann, S., Maria von Magdala. Jüngerin. Apostolin. Glaubensvorbild., Stuttgart 2003, S.9

sie erst nach dem Tod Jesu erwähnt. Sie hätten „von ferne" den Tod mitverfolgt. Außerdem wird erwähnt, sie wäre ihm schon seit Galiläa gefolgt, um ihm zu dienen (Mk 15,40f/Mt 27,55f). Nur in Mk 15,41 wird noch hinzugefügt, es wären noch viele andere Frauen gewesen.[10] Die synoptischen Evangelien berichten alle, Maria Magdalena wäre bei der Grablegung anwesend, allerdings ist die zweite Teilnehmerin der Grablegung unsicher. Im Markusevangelium handelt es sich hier um Maria, die Mutter des Joses (Mk 15,47), wobei im Matthäusevangelium nur „die andere Maria" in Erscheinung tritt (Mt 27,61). Das Lukasevangelium nennt keine der Frauen namentlich, sondern bezieht sich auf eine frühere Erwähnung der Frauen, die Jesus das letzte Geleit geben und letztendlich dabei sind, wenn er von Josef von Arimathäa ins Grab gelegt wird.[11]

Zu erkennen ist wieder eine Sonderstellung der Maria Magdalena, bei der sich drei Quellen sicher sind, sie sei anwesend gewesen, wobei andere Teilnehmer nicht beim vollen Namen genannt werden und so ihre Identität nicht mit Sicherheit auszumachen ist. Des Weiteren erscheint sie, trotz dessen Aktion, wichtiger als Josef von Arimathäa, wobei die Frage auftritt, wieso sie ihm nicht dabei behilflich war, Jesus ins Grab zu legen.

Zum einen könnte das an der damaligen Tradition liegen, von der die heutige Tradition stammen könnte, dass hauptsächlich männliche Personen (gute Freunde, nahe Verwandte) den Sarg zum Grab tragen. Wobei aber wiederrum zu bemerken ist, dass Maria Magdalena keineswegs eine typische Frau war, die sich Traditionen beugte, was schon an ihrem Namen zu erkennen ist. Der zweite mögliche Grund für ihr Verweigern der Hilfe wären persönliche, also die Scheu den Leichnam zu tragen, etwa aus Schmerz um den Tod der Person. Oder aber sie wollte den Tod nicht wahrhaben. Dies würde folglich heißen, sie hätte Jesus noch nicht aufgegeben und würde nicht glauben, dass Jesus, der so viele Menschen (unter anderem sie selbst) geheilt hat, einfach so sterben sollte.

---

[10] Ruschmann, S., Maria von Magdala. Jüngerin. Apostolin. Glaubensvorbild., Stuttgart 2003, S.6
[11] Ebenda. S.7

Auch am Ostermorgen wird Maria Magdalena wieder von allen drei synoptischen Evangelien mit eingeschlossen, wobei noch andere Frauen mit erwähnt werden. Im Lukasevangelium fällt ihr Name erst nach der Grabgang-Erzählung, gemeinsam mit Johanna und Maria, der Mutter des Jakobus (Lk 23,10). Sowohl im Matthäusevangelium, wie auch im Markusevangelium erscheinen sie gleich zu Beginn. Im Markusevangelium ist hier die Rede von Maria Magdalena, gemeinsam mit Maria, der Mutter des Jakobus sowie Salome (Mk 16,1-8). Das Matthäusevangelium spricht von der „anderen Maria", die bereits bei der Grablegung anwesend war. (Mt 28,1-10) In jedem der drei synoptischen Evangelien erscheinen den Frauen im Grab Engel, die nur im Markus- und Matthäusevangelium den Verkündungsauftrag weitergeben. Wichtig zu erwähnen ist, dass nur im Matthäusevangelium der Auferstandene den beiden Frauen erscheint, um den Verkündungsauftrag der Engel zu widerholen (Mt 28,9f).[12]

Das Markusevangelium beinhaltet noch einen sekundären Schluss, was eine Art Zusammenfassung der vier Evangelien darstellt und in welchem Maria Magdalena charakterisiert wird als diejenige, die von den sieben Dämonen geheilt wurde (wie in Lk 8,2 beschrieben). Ihr wird noch zusätzlich große Ehre zugesprochen, da sie die war, welcher der auferstandene Jesus zuerst erschien. Außerdem hat sie die Osterbotschaft verkündigt.[13]

2.2 Maria Magdalena als Ehefrau

Ein in Rom vorgestellter Papyrusfund aus dem 4. Jahrhundert gibt neuen Stoff für die wohl am meist diskutierte Frage, ob Maria Magdalena mit Jesus Christus in einem Liebesverhältnis stand. Der koptische Text auf dem Fragment heißt „Jesus sagt zu ihnen, meine Frau".[14]

---

[12] Ruschmann, S., Maria von Magdala. Jüngerin. Apostolin. Glaubensvorbild., Stuttgart 2003, S.7
[13] Ebenda.
[14] Seewald, B., Papyrus-Fund – Jesus hatte eine Frau, in:
https://www.welt.de/kultur/history/article109324407/Papyrus-Fund-Jesus-heiratete-Maria-Magdalena.html; Zugriff vom 12.4.16

Bei der Bearbeitung dieser Frage wird wohl am häufigsten das Verhältnis der Ehe angenommen, was angesichts der christlichen Grundlage der Diskussion auch die einzig sinnvolle Variante ist. Für eine solche Beziehung sprechen zum Beispiel zwei Sprüche aus dem Evangelium nach Philippus. Zuerst Spruch 32: „Es waren drei, die allzeit mit dem Herrn wandelten: Maria, seine Mutter, und ihre Schwester und Magdalene, die man seine Gefährtin nennt. Denn eine Maria ist seine Schwester und seine Mutter und seine Gefährtin." dann Spruch 55: „Die Sophia, die man die, Unfruchtbare nennt, sie ist die Mutter der Engel. Und die Gefährtin von Christus ist Maria Magdalena. Der Herr liebte sie mehr als alle anderen Jünger, und er küßte sie oftmals auf ihren Mund. [...]".[15]

Hierbei muss beachtet werden, dass es sich keineswegs um eine Schrift aus dem Bibelkanon handelt, sondern um eine Apokryphe. Selbst Philippus als der wahre Autor des Werkes ist stark umstritten und es wird häufig auf ägyptische Gnostiker zurückgeführt, die es in seinem Namen verfassten.[16] Zwar könnte man davon ausgehen, dass sie dank ihrer zeitlichen Nähe über mehr Wissen über die Geschehnisse um Jesus Christus verfügten, als Personen der Gegenwart allerdings bearbeiteten sie oft Irrglauben und dichteten sich Stellen zu den Geschehnissen dazu, die zu ihren Vorstellungen passten. Bei der Bearbeitung dieser Fragestellung werden das Johannesevangelium sowie die synoptischen Evangelien getrennt betrachtet.

2.2.1 Informationen aus dem Johannesevangelium
Wie bereits erwähnt wird Maria Magdalena im Johannesevangelium zwei Mal erwähnt.[17] Ebenso wurde bereits herausgearbeitet, dass sie eine sehr

---

[15] Albrecht G., Das Philippusevangelium, in: http://www.gerd-albrecht.de/Die%20Gnostischen%20Schriften/Das%20Philippusevangelium.htm; Zugriff vom 1.11.16
[16] Schmid, H., Evangelium nach Philippus, in: http://www.bibelwissenschaft.de/wibilex/das-bibellexikon/lexikon/sachwort/anzeigen/details/evangelium-nach-philippus/ch/8369010e3218fa174c638f23243c1141/; Zugriff vom 31.10.16
[17] Löb, C., Maria Magdalena im Johannesevangelium, Bochum 2011, S.2

zentrale Rolle sowohl bei der Kreuzigung, als auch bei der Grablegung und am Ostermorgen einnimmt. Die Tatsache, dass sie im Johannesevangelium eine Jüngerin genannt wird, verpasst ihr eine Sonderstellung, gibt aber kein Indiz darauf, sie wäre in einer Liebesbeziehung mit Jesus Christus gestanden.

Mehr Indizien bringt dafür Joh 20,11-13, die Szene in der Maria weinend vor dem Grab steht. Durch das Verb stehen werden im Johannesevangelium oftmals Personen mit Vorfällen in Verbindung gebracht, was sie hier wiederum mit dem Grab in Verbindung setzt.[18] Zunächst sollte man das Augenmerk auf den Grund des Weinens Marias lenken, das persönlicher Schmerz oder aber Tradition sein kann. Ein naheliegender Grund ist die Verzweiflung der vergeblichen Suche als Grund, was dann als persönlicher Schmerz einzuordnen ist.[19] Dieser wiederrum ist sehr wohl ein Indiz für eine besondere Verbindung zwischen den beiden, da Maria so viel mehr Trauer zeigt als die restlichen Jünger. Bei dieser Beziehung kann es sich allerdings ebenso um beispielsweise hohe Bewunderung oder eine besonders gute Freundschaft handeln, nicht unbedingt um Liebe. Bei der weiteren Betrachtung der Bibelstelle, fällt ebenfalls Marias Anrede mit „Frau" auf, bei welcher es sich aber nicht um einen Hinweis auf eine eheliche Stellung handelt, sondern um eine im Griechischen verwendete Höflichkeitsform.[20]

Ausschlaggebend ist die Antwort, die Maria auf eine Frage der Engel gibt. Diese Aussage ähnelt einer Botschaft, welche sie in Joh 20,2 Petrus und dem geliebten Jünger überbrachte. Die auftretenden Unterschiede sind „klein, aber wesentlich"[21]. Zuerst bezeichnet sie Jesus nicht wie davor nur als „Herrn", sondern als „meinen Herrn".[22] Hierbei handelt es sich um ein

---

[18] Löb, C., Maria Magdalena im Johannesevangelium, Bochum 2011, S.3
[19] Ruschmann, S., Maria von Magdala. Jüngerin. Apostolin. Glaubensvorbild., Stuttgart 2003, S.25
[20] Ebenda. S.26
[21] Ruschmann, S., Maria von Magdala. Jüngerin. Apostolin. Glaubensvorbild., Stuttgart 2003, S.26
[22] Ruschmann, S., Maria von Magdala. Jüngerin. Apostolin. Glaubensvorbild., Stuttgart 2003, S.26

Possessivpronomen, was in diesem Fall wieder auf eine besondere Beziehung zwischen den beiden hinweist. Sie spricht auch nicht mehr von „unser" Herr, sondern von „ihr" Herr. Solch eine „Beschlagnahmung" einer Person weißt in Richtung einer Liebesbeziehung. Ebenfalls dafür spricht, dass sie nun für sich selbst spricht: „ich weiß nicht" und nicht mehr stellvertretend mit „wir" antwortet.

Während ihrer Begegnung mit dem Auferstandenen ist auffällig, dass Jesus Maria als erste wie auch einzige Frau im Johannesevangelium mit ihrem Namen anspricht[23], was von extrem großer Wichtigkeit ist und viel Interpretationsfreiraum bietet. Sicher ist aber, dass dies zeigt, dass auch sie für ihn von besonderer Bedeutung ist. Wieder ist aber nicht zu erkennen, von welcher. Auf die Umwendung Marias hin meint Jesus: „Halt mich nicht fest!". Ob dieser Ausdruck daraus folgt, dass Maria Jesus versucht festzuhalten, zu umarmen oder dergleichen, wird nicht beschrieben, weshalb man daraus auch keine Informationen ziehen kann.

2.2.2 Informationen aus den synoptischen Evangelien

In den synoptischen Evangelien ist eine besondere Beziehung zwischen den Beiden deutlich schwerer zu erkennen. Ein Anzeichen darauf wäre die Tatsache, dass Maria Magdalena seit der Zeit in Galiläa im Gefolge von Jesus war, und diesem bis zu Ende treu blieb. Dafür wird hier allerdings, wie bereits erwähnt, die Dankbarkeit für die Heilung von den sieben Dämonen als Begründung genommen.[24] Maria Magdalenas Sonderstellung in den synoptischen Evangelien wurde bereits herausgearbeitet.

Anders als im Johannesevangelium sah sie bei der Kreuzigung aber nur aus der Ferne zu, wodurch sie distanzierter wirkt, was gegen eine festere Bindung zwischen ihnen spricht.[25] Im Markus- und Matthäusevangelium ist Maria ebenfalls bei der Grablegung anwesend, allerdings zusammen mit

---

[23] Ruschmann, S., Maria von Magdala. Jüngerin. Apostolin. Glaubensvorbild., Stuttgart 2003, S.27
[24] Ebenda. S.6
[25] Ebenda. S.7

zwei anderen Frauen. Im Lukasevangelium wird ihr Name nicht erwähnt, obwohl sie anwesend ist. Auch am Ostermorgen ist sie in allen Evangelien vertreten, jedoch immer nur gemeinsam mit anderen Frauen, was den Fokus von ihrer Person nimmt.[26] Hier ist zwar eine Sonderstellung zu erkennen aber lange nicht so deutlich wie im Johannesevangelium, wo sie selbst von Jesus herausgehoben wird, als er sie als einzige Frau im Evangelium beim Namen nennt. Demzufolge ist hier auch keine besondere Beziehung zwischen Jesus und Maria Magdalena zu erkennen.

2.3 Maria Magdalena als Jüngerin

Ob Maria Magdalena in den engeren Kreis der Jünger mit eingeschlossen werden kann oder ob sie nur eine Begleiterin und Unterstützerin von Jesus und seinen Jüngern war, ist ebenso kontrovers wie die Frage ob sie die Ehefrau Jesu war. Diese wird sogar noch mehr diskutiert. Um herauszufinden was dafür, oder was dagegen spricht, muss zuerst das Wort „Jünger" genauer betrachtet werden. Das Wort „Jünger" bedeutet im Griechischen so viel wie „Lernender" oder „Schüler" und im Falle der Jünger Jesu waren es Apostel, die er selbst auswählte.[27] Demzufolge wäre Maria Magdalena also eine Apostolin, eine mit einem Auftrag von Gott Gesandte.[28] Um dies genauer zu betrachten werden erst Informationen aus dem Johannesevangelium, dann aus den synoptischen Evangelien bezogen.

2.3.1 Informationen aus dem Johannesevangelium

Zunächst ist zu erwähnen, dass Maria Magdalena im Johannesevangelium bereits als Jüngerin bezeichnet wird.[29] Dies sagt bereits viel über die Meinung des Johannes zu diesem Thema. Allerdings spricht hier noch

---

[26] Ebenda.
[27] Hardt, A./Runkel, D., Jünger – Bibel-Lexikon, in: https://www.bibelkommentare.de/index.php?page=dict&article_id=2373; Zugriff vom 5.11.16
[28] Hardt, A./Runkel, D., Jünger – Bibel-Lexikon, in: https://www.bibelkommentare.de/index.php?page=dict&article_id=255; Zugriff vom 5.11.16
[29] Löb, C., Maria Magdalena im Johannesevangelium, Bochum 2011, S.5

mehr für eine Stellung der Maria Magdalena als Jüngerin. Zu diesem Thema wurde hier bereits Vorarbeit geleistet und erwähnt, dass Maria Magdalena im Johannesevangelium sogar oft über die Jünger selbst gestellt wird, beispielsweise als sie im Gegensatz zu den meisten Jüngern bei der Kreuzigung nicht geflohen ist, sondern ihr beiwohnte. Des Weiteren wurde sie oftmals, wie erläutert, durch das Verb „stehen" direkt in Verbindung mit dem Kreuz Jeus sowie seinem Grab gebracht. Auch diesen Vorzug genoss kein anderer Jünger. Ausschlaggebend für die Frage sind die Grabesszene sowie das Treffen mit dem auferstandenen Jesus.

In der Grabesszene sind in einigen Versen zwar noch der geliebte Jünger und Petrus anwesend, von denen geschrieben wird sie würden die Leinenbinden und das Schweißtuch sehen. Die Verse haben aber nichts miteinander zu tun und es wird unübersichtlich, wer welche Rolle in der Szene spielt. Allerdings wird ausdrücklich erwähnt, dass es Maria ist, die die Engel zuerst sieht.[30] Diese Engel überbringen ihr dann auch die Botschaft, die Kunde der Auferstehung Jesu zu verbreiten, was direkt einem Auftrag Gottes gleichkommt, auf den sie gesandt wird.[31] Ebenso verhält es sich mit der Aufgabe die Jesus ihr persönlich übergibt, was noch den Zusatz hat, dass Jesus ist es, der sie auswählt, die Kunde zu verbreiten, wie er alle seine Jünger selbst auswählt. Diese Tatsache macht endgültig klar, dass Maria Magdalena im Johannesevangelium als vollwertige, vielleicht sogar besondere Jüngerin, dargestellt wird.

2.3.2 Informationen aus den synoptischen Evangelien

In den synoptischen Evangelien trifft man das erste Mal in Lk 8,1-3 auf Maria Magdalena. Die Rede ist von einigen Frauen, die mit der Gefolgschaft von 12 Jüngern, Jesus begleiten. Drei von ihnen werden namentlich genannt: Maria (hier „die Magdalenerin" genannt und

---

[30] Ruschmann, S., Maria von Magdala. Jüngerin. Apostolin. Glaubensvorbild., Stuttgart 2003, S.25
[31] Ebenda. S.26

Geheilte), Johanna und der Frau des Chuzas.[32] Zu bemerken ist, dass die Frauen und somit auch Maria separat genannt werden und nicht in die Gefolgschaft der Jünger mit einbezogen sind. Dies heißt folglich, dass sie keine sind, also dass sie nicht von Jesus ausgewählt wurden ihm zu folgen, sondern ihm aus anderen Gründen folgten. Dankbarkeit bietet sich hier als guter Grund an, da Maria klar als eine Geheilte definiert wird und so darauf angespielt wird, dass Jesus sie von ihren sieben Dämonen befreite.[33] Zu diesem Zeitpunkt ist sie folglich noch nicht als Jüngerin einzuordnen. Auch in der Kreuzigungsszene fällt Maria Magdalena nicht besonders auf. Zwar war sie anwesend, dies allerdings in einer Gruppe von Frauen. Sie wird als eine von nur drei Frauen namentlich genannt[34] ansonsten aber nicht besonders aus der Gemeinschaft herausgestellt (Mk 15,40f/Mt 27,55f). Ähnlich verhält es sich mit der Grablegung Jesu (Mk 15,47/Mt 27,61). Auch hier wird sie wieder namentlich genannt. Die Ausnahme bildet das Lukasevangelium, indem nur auf eine frühere Erwähnung der Frauen hingewiesen wird (Lk 23,49). Ansonsten ist wiederrum nichts Auffälliges zu bemerken, das sie als Jüngerin kennzeichnen würde[35].

Die ersten Anzeichen dafür finden sich in der Erzählung um den Ostermorgen (Mk 16,1-8/Mt 28,1-10/Lk 24,1-10). Hier wird geschrieben, sie wäre auf dem Weg zum Grab Jesu um seinen Leichnam zu salben. Im Markusevangelium wird sie dabei von Maria, der Mutter des Jakobus und Salome begleitet, im Matthäusevangelium wird sie von der „anderen Maria" begleitet und im Lukasevangelium von Maria, der Mutter des Jakobus sowie Johanna.[36] Hier fällt wieder auf, dass Maria Magdalena die einzige der Frauen ist, die in jedem Evangelium beim Namen genannt und mit Sicherheit anwesend war, was sie wieder etwas ins Licht rückt.

---

[32] Ebenda. S.6
[33] Ruschmann, S., Maria von Magdala. Jüngerin. Apostolin. Glaubensvorbild., Stuttgart 2003, S.6
[34] Ebenda.
[35] Ebenda. S.7
[36] Ebenda.

Während der Engelserscheinung wird den Frauen im Markus- sowie im Matthäusevangelium der Auftrag gegeben, die Botschaft der Auferstehung Jesu zu verkünden. Dieser Auftrag wird, obwohl es nicht direkt beschrieben ist, auch im Lukasevangelium weitergegeben. Wie im Matthäusevangelium führen dort die Frauen den Auftrag aus. Außerdem wird dort das Erscheinen des Auferstandenen beschrieben, welcher den Auftrag für Maria Magdalena und die „anderen Maria" widerholt.[37] Da der Auftrag allerdings in jedem synoptischen Evangelium sowohl Maria Magdalena, wie auch die (variierenden) Begleiterinnen erreicht und der Auftrag von den Engeln, also den Vertretern Gottes, beziehungsweise Jesus selbst überbracht wird, sind die Frauen wohl als Apostolinnen und Jüngerinnen zu bezeichnen.

3. Nachwort/ Fazit

Dass Maria Magdalena eine besondere Person in der Bibel ist, ist wohl nicht mehr zu leugnen. Fast immer besitzt sie eine Sonderstellung oder wird als einzige in allen Evangelien einheitlich als Teilnehmerin an einem Ereignis genannt. Während der Charakterisierung der Person Maria Magdalenas, fiel auf, dass sie im Johannesevangelium im Allgemeinen eine zentralere Stellung einnimmt als in den synoptischen Evangelien. Beim weiteren Untersuchen der Informationsbestände mit dem Ziel, die Frage zu beantworten, ob Maria Magdalena die Ehefrau von Jesus Christus war, wurde klar eine besondere Beziehung zwischen ihnen erkennbar. Ob es sich bei dieser Beziehung um Liebe oder gar eine Ehe handelte, ist im Bibelkanon allerdings nicht auszumachen. Zwar sind Quellen wie das Philippusevangelium existent, in denen von Liebe zwischen den beiden berichtet wird, allerdings sind diese Quellen unzuverlässig und stehen teils sogar unter Verdacht gefälscht zu sein. Ich komme deshalb zum Schluss, die Beziehung zwischen Maria Magdalena und Jesus gründet nicht auf

---

[37] Ebenda.

partnerschaftliche Liebe im Sinne eines sexuellen Verhältnisses oder einer Ehe.

Bei der Frage ob Maria Magdalena eine Jüngerin war konnte eine klarere Antwort, herausgearbeitet werden. Im Johannesevangelium sowie allen synoptischen Evangelien steht geschrieben, dass Maria Magdalena sowie einige anderen Frauen (synoptische Evangelien) von Engeln und im Johannes- sowie im Matthäusevangelium sogar von Jesus selbst, den Auftrag erhielten, die Kunde um die Auferstehung Jesu zu verbreiten. Dies zeichnet sie eindeutig als Apostolin und Jüngerin Jesu und Gottes aus.

5. Literaturverzeichnis

5.1 Primärliteratur

Die Bibel. Einheitsübersetzung. Altes und Neues Testament, Stuttgart 1980

5.2 Sekundärliteratur

1. Löb, C., Maria Magdalena im Johannesevangelium, Bochum 2011

2. Ruschmann, S., Maria von Magdala. Jüngerin. Apostolin. Glaubensvorbild., Stuttgart 2003

5.3 Internetadressen

1. Albrecht, G., Das Philippusevangelium, in: http://www.gerd-albrecht.de/Die%20Gnostischen%20Schriften/Das%20Philippusevangeliu m.htm; Zugriff vom 1.11.16

2. Hardt, A./Runkel, D., Jünger – Bibel-Lexikon, in: https://www.bibelkommentare.de/index.php?page=dict&article_id=2373; Zugriff vom 5.11.16

3. Hardt, A./Runkel, D., Jünger – Bibel-Lexikon, in: https://www.bibelkommentare.de/index.php?page=dict&article_id=255; Zugriff vom 5.11.16

4. Jantzen, C., Maria Magdalena, Die Frau, die bei Jesus blieb, in: ftp://bitflow.dyndns.org/german/CarolJantzen/Maria_Magdalena_Die_Frau _Die_Bei_Jesus_blieb.html; Zugriff vom 1.11.16

5. Schmid, H., Evangelium nach Philippus, in: http://www.bibelwissenschaft.de/wibilex/das-bibellexikon/lexikon/sachwort/anzeigen/details/evangelium-nach-philippus/ch/8369010e3218fa174c638f23243c1141/; Zugriff vom 31.10.16

6. Seewald, B., Papyrus-Fund – Jesus hatte eine Frau, in:
https://www.welt.de/kultur/history/article109324407/Papyrus-Fund-
Jesus-heiratete-Maria-Magdalena.html; Zugriff vom 12.4.16